Junge  Lekt

ELI-Lektüren: Texte für Leser jeden Alters. Von spannenden und aktuellen Geschichten bis hin zur zeitlosen Größe der Klassiker. Eine anspruchsvolle redaktionelle Bearbeitung, ein klares didaktisches Konzept und ansprechende Illustrationen begleiten den Leser durch die Geschichten, und Deutsch lernt man wie von selbst!

 Die FSC-Zertifizierung garantiert, dass das für diese Veröffentlichung verwendete Papier aus zertifizierten Wäldern stammt und damit weltweit eine verantwortungsvolle Forstwirtschaft unterstützt.

 Für diese Reihe an Lektüreheften wurden 5000 Bäume gepflanzt.

FRIEDRICH SCHILLER

Erzählt von Kerstin Salvador
Illustrationen von Silvia Bonanni

Junge ELI Lektüren

Wilhelm Tell
Friedrich Schiller
Erzählt von Kerstin Salvador
Übungen: Kerstin Salvador
Redaktion: Iris Faigle
Illustrationen von Silvia Bonanni

ELI-Lektüren
Konzeption:
Paola Accattoli, Grazia Ancillani, Daniele Garbuglia (Art Director)

Grafische Gestaltung
Sergio Elisei

Layout
Emilia Coari

Fotos
Shutterstock

© 2011 ELI s.r.l
B.P. 6 - 62019 Recanati - Italien
Tel. +39 071 750701
Fax +39 071 977851
info@elionline.com
www.elionline.com

Verwendeter Schriftsatz: Monotype Dante 13/18

Druck in Italien: Tecnostampa Recanati
ERT221.01
ISBN 978-88-536-0652-5

Erste Auflage: Februar 2011

www.elireaders.com

Inhalt

6	Hauptfiguren	
8	Vor dem Lesen	
10	Kapitel 1	**Schwere Zeiten**
18	Aufgaben	
20	Kapitel 2	**Der Schwur am Rütli**
28	Aufgaben	
30	Kapitel 3	**Der Apfelschuss**
38	Aufgaben	
40	Kapitel 4	**Flucht bei stürmischer See**
48	Aufgaben	
50	Kapitel 5	**Kampf für die Freiheit**
58	Aufgaben	
60	**Auf der Bühne**	
70	Aufgaben	
74	Zum Weiterlesen	**Wer war eigentlich Schiller?**
76	Zum Weiterlesen	**Wilhelm Tell heute**
78	Teste dich selbst!	
79	Syllabus	

Zeichen für die Hörtexte auf der CD
Anfang ▶ Ende ■

Hauptfiguren

WILHELM TELL

FRAU TELL

WALTER TELL

LANDVOGT GESSLER

FREIHERR VON ATTINGHAUSEN

BERTA VON BRUNECK

ULRICH VON RUDENZ

Vor dem Lesen

1 Wortgruppen
Ordne folgende Begriffe den passenden Kategorien zu.

> die Band   das Internet   ~~laufen~~   Klavier spielen
> der Sportplatz   das Konzert   schwimmen   die E-Mail
> das Turnier   das Schlagzeug   der Bildschirm   chatten
> der Fußball   die Noten   die Maus

Sport	Musik	Computer
laufen		

2 Wie schmeckt das?
Ordne den Lebensmitteln je eine Geschmacksrichtung zu.

3 Wortigel
Ergänze mit deinen Ideen und Assoziationen.

4 **Schreibe eine E-Mail an deinen Freund und berichte ihm vom Schulfest.**

Benutze dabei folgende Wörter:

die Theateraufführung   die Klasse   der Schuldirektor
der Kuchenverkauf   die Schulaula

5 **Wie spät ist es? Schreibe die Uhrzeit neben die Uhr.**

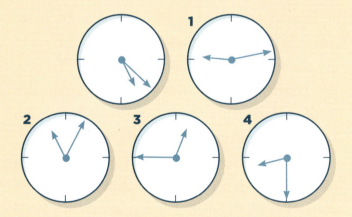

	17:22	*siebzehn Uhr zweiundzwanzig*
1	9:13	....
2	23:05	....
3	12:45	....
4	20:30	....

Kapitel 1

Schwere Zeiten

▶2 Idyllische Landschaft mit See in den Schweizer Bergen. Das Ufer des Vierwaldstätter Sees ist umgeben von hohen Felsen. Auf den Bergen sieht man Dörfer und Höfe in der Sonne liegen. Ein paar Fischer stehen am Ufer und beobachten die dunklen Wolken am Himmel. „Es wird Gewitter geben!" Sie ziehen ihre Boote und Netze an Land. Ein Hirte treibt[1] seine Herde ins Tal.

Konrad Baumgarten läuft zu den Fischern. „Bitte, bringt mich schnell ans andere Ufer!", fleht er, „ich werde von den Reitern verfolgt[2]. Es geht um Leben und Tod!" Die Fischer schütteln den Kopf und zeigen auf die Gewitterwolken: „Ein Sturm zieht auf, es ist zu gefährlich."

„Warum musst du denn vor den Reitern fliehen[3]?", fragen die Fischer. „Ein Vogt[4] wollte meine Frau überfallen. Ich war gerade im Wald und habe Holz gehackt", berichtet Baumgarten. „Ich kam ihr gerade noch rechtzeitig zu Hilfe.

[1] **treiben, trieb, getrieben** antreiben, vorwärts bewegen
[2] **verfolgen** hinterherjagen, nacheilen
[3] **fliehen, floh, geflohen** weglaufen
[4] **Vogt** ein Herrscher, der im Namen des Kaisers ein Gebiet verwaltet

Kapitel 1

In der Not habe ich ihn mit der Axt[1] erschlagen." „Oh weh, die Reiter werden dich töten, wenn sie dich finden!"

Da kommt Wilhelm Tell vorbei. Er sieht, dass der Mann Hilfe braucht und fährt ihn schließlich mit dem Boot hinüber, obwohl das Unwetter schon heftig[2] tobt.

Kaum sind sie auf dem See, kommen schon die Reiter. Sie sind wütend, weil Baumgarten ihnen entwischt[3] ist. Nun rächen[4] sie sich an den Fischern, die gar nichts getan haben. Die Reiter verbrennen ihre Hütten und töten das Vieh.

Tell und Baumgarten erreichen mit letzter Kraft das andere Ufer. Dort bringt Tell ihn zu Werner Stauffacher, der Baumgarten in seinem Haus versteckt. „Bleib erst mal hier, hier bist du sicher."

Auch Stauffacher und seine Frau leiden unter den Grausamkeiten[5] der Vögte. Erst kürzlich wollte einer ihr schönes, neues Haus wegnehmen und sie vertreiben. Der Vogt war neidisch und wollte selber darin wohnen.

[1] **e Axt, ¨e** Werkzeug zum Holzhacken
[2] **heftig** sehr stark
[3] **entwischen** fliehen vor, weglaufen, entkommen
[4] **sich rächen an** bestrafen, zurückgeben
[5] **e Grausamkeit, en** Härte, Brutalität

Wilhelm Tell

Gertrud Stauffacher sagt zu ihrem Mann: „Überall passieren jetzt schlimme Dinge. Wir müssen uns wehren[1]. Wenn wir uns mit den Leuten aus den anderen Kantonen[2] verbünden, sind wir stark und können es schaffen." „Ja, Gertrud, du hast Recht. So kann es nicht weitergehen. Ich werde mich mit den Männern beraten, was wir gegen die Ungerechtigkeit der Herrscher tun können", beschließt Stauffacher. „Tell, hilf uns, einen Plan zu entwickeln."

Aber Tell meidet[3] die Menschen. Er hilft lieber alleine wo er kann. So geht Stauffacher ohne Tell zu seinem Freund Walter Fürst. Tell begleitet ihn ein Stück. Sie kommen an einer Baustelle vorbei. Überall im Land lassen die Vögte große Festungen bauen, um ihre Macht[4] zu demonstrieren. Die Bevölkerung aus den Dörfern soll die schwere Arbeit verrichten[5], sogar alte und kranke Menschen.

Die neue Festung soll Zwing Uri heißen. Auf dem Gerüst schleppen die Arbeiter Steine, Kalk

---

[1] **sich wehren** sich schützen, sich verteidigen
[2] **r Kanton, e** Verwaltungsgebiet; die Ur-Kantone der Schweiz heißen Uri, Schwyz und Unterwalden
[3] **jmdn./etw. meiden** (etw./jmdn.) aus dem Weg gehen
[4] **e Macht, ¨e** Gewaltherrschaft, Unterdrückung, Ausbeutung
[5] **verrichten** Arbeit erledigen, arbeiten

Kapitel 1

und Mörtel[1] hinauf. „Ich kann nicht mehr", ruft ein alter Mann. „Mein Rücken tut weh. Habt Erbarmen mit mir!" „Das ist unmenschlich", protestieren die Arbeiter. „Der alte Mann kann doch selbst kaum laufen." Aber der Vogt zeigt kein Mitleid[2]. „Faules Volk, steht nicht herum. Macht weiter!" „Schneller, schneller, da oben", ruft der Vogt dem Dachdecker zu, der einen schweren Balken balanciert[3], „sonst mach ich dir Beine."

Vom Marktplatz her hört man Trommeln. Männer tragen auf einer langen Stange den Hut des Landvogts Gessler herbei. Mit einer Zeremonie[4] wird die Stange auf dem Marktplatz aufgestellt. „Jeder der hier vorbeigeht, muss von nun an vor dem Hut auf die Knie gehen und sich verbeugen[5]. So als wäre es der Kaiser selbst", ruft der Vogt. „Wer diese Anweisung[6] nicht befolgt, wird bestraft." Der Geselle[7] sagt leise zu seinem Meister: „Sich vor einem Hut verbeugen. Welch ein Unsinn!"

Plötzlich hört man ein lautes Rufen von der Baustelle. „Hilfe, Hilfe! Kommt alle her!

[1] **r Kalk und r Mörtel** Baumaterialien, die man zum Mauern benötigt
[2] **s Mitleid** (*nur Sg.*) Erbarmen, Rücksicht
[3] **balancieren** Gleichgewicht halten
[4] **e Zeremonie, en** Ritual, Feier
[5] **sich verbeugen** sich verneigen
[6] **e Anweisung, en** Befehl, Vorschrift
[7] **r Geselle, en** Lehrling

Kapitel 1

"Der Dachdecker ist abgestürzt!", rufen einige Arbeiter. "Schnell, helft ihm!" "Was ist mit ihm? Ist er tot?" Der Meister nickt. "Er hat sich die Knochen gebrochen und bewegt sich nicht mehr." Dies ist ein schlechtes Zeichen, ein Fluch[1] wird nun auf dieser Festung lasten.

Im Haus von Walter Fürst hält sich Arnold von Melchthal versteckt, der ebenfalls vor dem Vogt fliehen musste. Der Vogt hat von Melchthal verlangt[2], seine Ochsen[3] herzugeben. "Gib mir die Ochsen! Dies ist ein Befehl[4] des Vogts", herrscht ihn der Bote des Vogts an. "Nein! Ich brauche die Tiere für die Feldarbeit. Ich kann sie nicht weggeben", ruft Melchthal. Als der Bote die Tiere mitnehmen will, schlägt Melchthal ihm mit einem Stab[5] auf die Hand. Dabei bricht er ihm einen Finger. Damit hat er den Vogt verärgert. Wenn die Reiter des Vogts ihn nun erwischen, werden sie ihn dafür bestrafen. Deshalb musste er weglaufen. Melchthal macht sich nun große Sorgen um seinen alten Vater, der gepflegt werden muss. Er musste ihn bei seiner Flucht zurücklassen. "Oh weh, was

[1] **r Fluch, "e** Verwünschung
[2] **verlangen** fordern
[3] **r Ochse, en** männliches Rind
[4] **r Befehl, e** Anweisung, Aufforderung
[5] **r Stab, "e** Stock

Wilhelm Tell

wird jetzt nur aus meinem alten, kranken Vater?"

Als Stauffacher das Haus von Walter Fürst erreicht, versteckt sich Melchthal im Nebenzimmer. Stauffacher und Walter Fürst unterhalten sich über die schrecklichen Dinge, die überall geschehen. Die Vögte bestehlen die arme Bevölkerung und richten Grausamkeiten an. Immer neue Geschichten werden bekannt. Stauffacher berichtet, dass die Reiter anstelle von Melchthal nun den alten Vater gefangen genommen haben. „Stell dir vor, die grausamen Knechte[1] haben dem alten Mann mit einem Speer[2] beide Augen ausgestochen! Jetzt ist er blind und sieht nichts mehr. Sie haben ihm sein ganzes Hab und Gut[3] genommen."

Als Melchthal das nebenan hört, bricht er verzweifelt zusammen. „Mein Vater!" Er ist entsetzt über die Brutalität der Herrscher. Stauffacher, Walter Fürst und Melchthal schwören einander Treue auf Leben und Tod. Sie beschließen, weitere Verbündete[4] aus den Kantonen Uri, Schwyz und Unterwalden zu finden. Sie wollen gegen die Unterdrückung kämpfen.

[1] **r Knecht, e** Diener des Vogts
[2] **r Speer, e** Spieß
[3] **s Hab und s Gut** gesamter Besitz
[4] **r Verbündete, en** Partner, Freund, Vertrauter

Lesen & Lernen

1 Richtig oder Falsch?

		R	F
1	Der Fischer fährt Konrad Baumgarten mit dem Boot über den See.	☐	☐
2	Baumgarten ist von Beruf Holzfäller.	☐	☐
3	Der Vogt ist freundlich zu den Menschen.	☐	☐
4	Die Arbeit auf der Baustelle ist schwer.	☐	☐
5	Den Hut auf der Stange soll man grüßen.	☐	☐
6	Melchthal schenkt dem Boten einen Ochsen.	☐	☐
7	Wilhelm Tell kommt mit zu Walter Fürst.	☐	☐
8	Melchthals Vater ist gesund und munter.	☐	☐

Worte & Wörter

2 Eindringling
Ein Wort passt nicht in die Gruppe. Welches?

die Trommel – die Flöte – das Klavier – ~~der Fußball~~ – die Geige

1 der Fischer – der Holzfäller – das Pferd – der Dachdecker – der Hirte
2 die Wolke – der Sturm – das Gewitter – der Regen – der Baum
3 die Burg – das Haus – das Schloss – das Auto – der Bauernhof
4 der Fisch – der Hut – das Pferd – der Ochse – das Schaf
5 der Arm – das Auge – der Rücken – das Bein – der Schuh
6 der Berg – der See – die Sonne – die Wiese – das Tal

3 Kreuzworträtsel

Finde die passenden Wörter.

1 Was bauen die Arbeiter?
2 In welchem Land spielt die Geschichte?
3 Wie heißt der Autor dieses Dramas?
4 Wie heißt der Landvogt?

Das senkrechte Wort sagt dir, wer Baumgarten über den stürmischen See fährt.

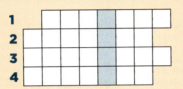

Strukturen & Satzbau

4 Setze die nichtigen Präpositionen ein.

auf   im   über   ~~zum~~   nach

Ich gehe ....*zum*.... Bäcker.

1 Das Boot fährt .... den See.
2 Der Reiter sitzt .... dem Pferd
3 Die Männer treffen sich .... Haus.
4 Das Mädchen geht .... Hause.

Fit in Deutsch 2 – Sprechen

5 Thema: Urlaub

Stelle einem Mitschüler Fragen und beantworte seine. Benutze dabei folgende Fragewörter:

Wie...? Wohin...? Wo...? Was...? Mit wem...? Wann...? Wie lange...?

Kapitel 2

Der Schwur am Rütli

▶ 3 Im Wappensaal[1] des Edelhofes sitzt der alte Freiherr[2] von Attinghausen auf seinen Stock gestützt. Er ist schon sehr alt. Seine Knechte sind bei ihm und wie jeden Morgen trinken sie zusammen aus einem Becher, der reihum geht. Attinghausen ist ein guter Herrscher, der sich um sein Volk kümmert. Früher ist er mit ihnen aufs Feld gefahren, heute ist er zu alt dafür. Schließlich ist er schon 85 Jahre alt.

Sein Neffe Ulrich von Rudenz kommt herein. Er ist Ritter und trägt einen blauen Umhang und eine Feder am Hut. Er hat seine feinen Sachen angezogen, weil er nach Altdorf auf die Herrenburg will.

„Aber Uli, du kannst doch nicht an den Hof vom Landvogt Gessler gehen. Weißt du denn nicht, was er dem Volk antut? Er ist ein Tyrann! Bleib hier bei deinen Leuten und bei deinem alten Onkel", bittet ihn der Onkel. „Ich habe keine Kinder und werde bald sterben. Dann erbst[3] du den Hof."

[1] **r Wappensaal, "e** prachtvoller Saal in der Burg, der dekoriert ist mit Wappen an der Wand
[2] **r Freiherr, n** Titel, Landadel
[3] **erben** als Erbe erhalten, bekommen

Kapitel 2

„Ach Onkel, ich bin jung", entgegnet der Ritter. „Was soll ich hier in den Bergen?

Ich will hinaus in die weite Welt. Ich möchte auf einem Ritterturnier[1] kämpfen. Das würde mir gefallen. Hier in den Bergen verrosten[2] doch nur die Schilder und Wappen." Uli schwingt sein Schwert in der Luft. „Heldentaten[3] will ich vollbringen und den Kaiser auf seinen Kriegszügen begleiten." Er rückt seinen Umhang zurecht. „Das Leben am Hofe des Fürsten ist viel glanzvoller. Ich werde mich dem Fürsten anschließen."

„Wie kannst du deine Heimat nur im Stich lassen[4]?" sagt Attinghausen entsetzt. Früher lebte das Volk in Freiheit und der Landherr hat auf seine Leute gut aufgepasst. Aber diese Zeiten sind für immer vorbei." „Die Zeiten ändern sich nun mal, Onkel. Dem Kaiser gehört sowieso alles. Kaufleute transportieren ihre Waren über den Gotthardpass[5] auf Handelsstraßen[6]. Die Bauern leben nicht mehr allein in den Bergen. Auch der

[1] **s Ritterturnier, e** Ritterspiel, Wettkampf
[2] **verrosten** durch Rost kaputt gehen
[3] **e Heldentat, en** Meisterleistung
[4] **jmdn./etw. im Stich lassen** sich nicht um jmdn./etw. kümmern
[5] **r Gotthardpass** Passstraße über den St. Gotthard
[6] **e Handelsstraße, n** Straße, über die Waren transportiert werden für den Handel

Wilhelm Tell

Kaiser wird sein Volk beschützen, wenn wir ihm dienen. Wir sollten uns mit Österreich vereinigen und uns den Habsburgern anschließen. Dann hat auch die Not ein Ende. Sei doch vernünftig Onkel, Widerstand[1] ist zwecklos."

„Ach Junge, wie kann ich dich nur überreden zu bleiben? Höre auf deinen alten Onkel!" Da kommt Attinghausen ein neuer Gedanke. „Es ist gar nicht der Kaiser, der dich lockt. Das Edelfräulein[2] Berta ist es, sie hat dir den Kopf verdreht[3]. Sie lebt auf der Herrenburg. In ihrer Nähe willst du sein. Du bist verliebt in sie. Gib es zu!" „Genug, mir reicht es", sagt Uli und geht.

Es ist Nacht in den Bergen. Der Mond scheint hell. Männer kommen von allen Seiten herbei und treffen sich auf einer Wiese am See, die umgeben ist von Felsen und Wald. Diese Wiese wird Rütli genannt. „Seht mal", sagt einer der Männer und zeigt zum See. „Ein Mondregenbogen. Das Mondlicht bildet einen Regenbogen. So etwas sieht man nur sehr selten." Hinter dem See leuchten die hohen Berge im Mondschein.

[1] r Widerstand, "e Auflehnung, Protest
[2] s Edelfräulein, - Adelstitel, Hoffräulein
[3] jmdm. den Kopf verdrehen jmdn. in sich verliebt machen, jmdm. schöne Augen machen

Kapitel 2

Die drei Verschworenen[1] Stauffacher, Melchthal und Walter Fürst haben ihr Versprechen gehalten und nach weiteren Verbündeten im ganzen Land gesucht.

Viele Menschen haben sich ihnen angeschlossen[2] und versammeln sich nun auf dem Rütli.

„Überall auf meiner weiten Wanderung habe ich Schweizer angetroffen, die genug haben von den Gewalttaten der Vögte", berichtet Melchthal. „Sie wollen sich nicht mehr alles gefallen lassen und sind nun hier zusammengekommen, weil sie sich wehren[3] wollen."

„Hört ihr? Das ist das Horn von Uri", sagt Stauffacher. „Jetzt kommen auch die Verbündeten aus dem Kanton Uri an." „Dann kann unsere Versammlung ja beginnen", beschließt Walter Fürst. „Lasst uns zuerst einen Vorsitzenden[4] wählen. Er soll aufpassen, dass wir nach dem Recht handeln", rät der Pfarrer. Die anderen sind einverstanden. Sie stimmen ab und ernennen Reding, den Ältesten unter ihnen, zu ihrem Vorsitzenden. Feierlich

[1] **Verschworene** (*Pl.*) Menschen, die sich einig sind
[2] **sich jmdm./etw. anschließen, anschloss, angeschlossen** hinzukommen, Mitglied werden
[3] **sich wehren** gegen etwas kämpfen, sich widersetzen
[4] **r Vorsitzende, n** Anführer, Oberhaupt

Kapitel 2

erheben sie die Schwerter zu den Sternen. „Hat jemand Wilhelm Tell gesehen?" fragt Baumgarten. „Nein, er ist nicht hier", antwortet ein Mann. „Er geht nicht gerne auf Versammlungen[1] und bleibt lieber allein für sich."

„Wir sind nun hier auf dem Rütli zusammengekommen", beginnt Walter Fürst, „um an das alte Bündnis[2] des Schweizer Volkes zu erinnern und über die Vertreibung der Tyrannen zu beraten."

„Aber wir wollen keine Gewalt", bekräftigt Stauffacher. „Wir haben nichts Böses vor. Wir wollen einfach nur in Frieden leben. Wir sind die Vertreter für das ganze Schweizer Volk." „Außerdem", fährt er fort, „wollen wir die Standesunterschiede[3] zwischen uns aufheben. Ob jemand Großbauer, Pfarrer oder Diener ist, soll keine Rolle mehr spielen. Auch nicht, aus welchem Kanton er kommt, ob aus Uri, Schwyz oder Unterwalden.

Wir sind alle Schweizer Bürger." „Denkt daran, wie unsere Vorfahren[4] das Bergland erst in mühevoller Arbeit bewohnbar gemacht haben. Wir waren immer ein freier, unabhängiger Staat, der sich selbst

---

[1] **e Versammlung, en** Treffen, Besprechung
[2] **s Bündnis, se** Vereinigung, Zusammenschluss
[3] **r Standesunterschied, e** Unterschied zwischen Arm und Reich
[4] **r Vorfahre, n** frühere Generationen

Wilhelm Tell

verwaltet¹ hat", fügt Fürst Walter hinzu. „Wir wollen für unsere Rechte kämpfen und gegen die Ungerechtigkeit der Vögte – notfalls mit Waffen", rufen die Männer.

„Wie wollen wir den Aufstand² gegen die Vögte organisieren? Und wann soll er stattfinden?", fragt Reding. „Am besten warten wir bis Weihnachten", schlägt Stauffacher vor. „Es ist Brauch³, dass das Volk dem Vogt Geschenke aufs Schloss bringt. So können wir unsere Waffen als Geschenke tarnen⁴ und ungehindert in das Schloss kommen

Erst drinnen stecken wir dann die Spitzen auf die Stäbe." „Seid ihr alle einverstanden, dass wir unseren Kampf bis zum Weihnachtsfest verschieben?", fragt der Vorsitzende Reding. Die Mehrheit hebt die Hand. „So ist es beschlossen."

„Seht nur, die Sonne geht schon auf, es wird Tag. Wir gehen jetzt besser, damit uns keiner sieht", sagt der Pfarrer. „Aber lasst uns vorher noch schwören auf Einigkeit, Freiheit, Gottvertrauen und Furchtlosigkeit, Männer!" Die Männer erheben die drei Finger zum Schwur⁵. Dann gehen sie still und einzeln in alle Richtungen auseinander. ◼

¹ **sich verwalten** sich selbst kümmern um, unabhängig sein
² **r Aufstand, ¨e** Kampf für die Freiheit
³ **r Brauch, ¨e** Sitte, Tradition
⁴ **tarnen** etwas verhüllen, verstecken
⁵ **r Schwur, ¨e** Ehrenwort

27

Lesen & Lernen

1 Weißt du die Antwort?
1. Wo empfängt der alte Attinghausen seine Knechte? ....
2. Wohin möchte Uli gehen? ....
3. In wen ist Uli verliebt? ....
4. Was entdecken die Männer über dem See? ....
5. Wann wollen die Männer den Aufstand wagen? ....
6. Wie wollen die Männer ihre Schwerter ins Schloss schmuggeln? ....

Strukturen & Satzbau

2 Setze die Adjektive an der richtigen Stelle und in der richtigen Form ein.

> alt   glanzvoll   fein   blau   gemeinsam   jung

1. Attinghausen trinkt mit seinen Knechten aus einem .... Becher.
2. Uli trägt einen .... Umhang und eine Feder am Hut.
3. Er hat seine .... Sachen angezogen, weil er Berta im Schloss treffen will.
4. Sein Onkel Attinghausen ist ein .... Mann.
5. Der .... Ritter träumt davon, auf einem Ritterturnier zu kämpfen.
6. Er umgibt sich gerne mit .... Dingen.

Fit in Deutsch 2 – Lesen

3 Lies den Text und kreuze an.

SCHILLER-RAP-WETTBEWERB

Vor 250 Jahren wurde der berühmte deutsche Dichter und Dramatiker Friedrich Schiller geboren. Aus diesem Anlass haben Schüler im Rahmen eines Schiller-Rap-Wettbewerbs seine Texte gerapt. Die Goethe-Institute in Polen, Litauen, Slowakei, Tschechien und Ungarn haben den Schiller-Rap-Wettbewerb für Jugendliche aus Mittel- und Osteuropa ins Leben gerufen. Es sind 96 Songs und elf Videos zusammengekommen.

Im Community-Bereich der Webseite kann man sich die Schiller-Vertonungen der Schüler anhören und die Videos sehen, wie z.B. „An die Freude", „Punschlied" oder „Vier Elemente".

Der Rapper DOPPEL-U hat die Aktion mit einer Live-Konzert-Tournee unterstützt.

Mehr Informationen bekommt ihr auf der Webseite vom Goethe-Institut. www.goethe.de/schiller-rap

1 Zu welchem Anlass ist der Wettbewerb entstanden?
- A ☐ 250. Todestag von Friedrich Schiller
- B ☐ 250. Aufführung von Wilhelm Tell
- C ☐ 250. Geburtstag von Friedrich Schiller

2 Wie wurden die Texte vertont?
- A ☐ als Rap
- B ☐ als Pop-Song
- C ☐ als klassisches Lied

3 Welche Länder haben teilgenommen?
- A ☐ Italien
- B ☐ Ungarn
- C ☐ Frankreich

Kapitel 3

Der Apfelschuss

▶ 4 In Wilhelm Tells Haus in Bürglen spielen seine beiden Söhne mit einer kleinen Armbrust[1].

„Papa", ruft Walter „die Sehne[2] ist gerissen. Mach sie wieder ganz!" „Ein richtiger Schütze[3] kann das alleine. Schau mal", sagt Tell, „so geht das." „Aber jetzt komm, Walter, wir wollen deinen Opa Walter Fürst in Altdorf besuchen", ruft Tell seinen Sohn.

Seine Frau Hedwig ist besorgt und möchte, dass die beiden zu Hause bleiben. „Wilhelm, bitte geht nicht", sagt Hedwig. „Der Landvogt Gessler ist heute in Altdorf. Es ist besser, ihm aus dem Weg zu gehen[4]."

„Mach dir keine Sorgen, Hedwig", entgegnet Tell „Ich habe nichts Schlimmes getan und brauche mich deshalb auch nicht vor Gessler zu fürchten. Ich bin ein freier Mann und kann gehen, wohin ich will."

„Dann lass bitte den Jungen hier", versucht es Hedwig erneut. Aber Tell und Walter sind schon unterwegs und hören nicht auf sie.

[1] e Armbrust, ¨e alte Waffe, mit der man mit Pfeil und Bogen schießt
[2] e Sehne, n Tiersehnen, die die Spannung des Bogens erzeugen
[3] r Schütze, n jemand, der mit einer Schusswaffe schießt
[4] jmdm. aus dem Weg gehen jmdm. nicht begegnen wollen

Wilhelm Tell

In einem Wald in den Bergen treffen sich der junge Ritter Ulrich von Rudenz und Berta von Bruneck. Die beiden nehmen an einer Jagd teil. Sie entfernen sich etwas von den anderen, um ungestört zu sein.

„Oh Berta, ich habe schon so lange auf diesen Augenblick gewartet, dir meine Liebe gestehen[1] zu können", sagt Uli und greift nach Bertas Hand. Aber Berta weist[2] ihn zurück. „Uli, du redest von Liebe und lässt dabei dein Volk im Stich. So einen kann ich nicht lieben. Ich möchte jemanden, der tapfer für sein Volk kämpft", fordert Berta.
Uli versteht die Welt nicht mehr. „Aber Berta, ich habe meine Heimat und meine Leute nur verlassen, um in deiner Nähe sein zu können."

Berta lebt zwar am Hofe und ist adelig[3], aber sie hat gesehen, wie die Vögte das Volk ausbeuten. „Ich leide mit den Menschen. Es ist unsere Pflicht, sie zu beschützen." Am Ende schafft es Berta, dass Uli sich aus Liebe zu ihr dem Kampf um die Freiheit anschließt.

Tell und Walter kommen in Altdorf am Marktplatz

[1] **gestehen, gestand, gestanden** beichten, zugeben
[2] **zurückweisen, wies zurück, zurückgewiesen** ablehnen, abblitzen lassen
[3] **adelig** herrschaftlich, aristokratisch

Kapitel 3

vorbei, wo auf einer langen Stange der Hut von Landvogt Gessler aufgestellt wurde. „Papa, wir müssen den Hut grüßen. So verlangt es der Vogt!" „Aber mein Sohn," erwidert Tell, „wir werden uns doch nicht vor einem Hut verbeugen. So etwas Dummes! Komm, wir gehen einfach weiter."

Ein Wachmann beobachtet, wie die beiden ohne Verbeugung[1] an dem Hut vorbei laufen. „He, ihr da!" ruft er. „Sofort stehen bleiben. Wer den Befehl[2] des Vogts nicht befolgt, muss ins Gefängnis!"

Walter ruft laut: „Hilfe! Kommt alle her. Sie wollen meinen Vater gefangen nehmen[3]."

Stauffacher, Melchthal, Walter Fürst und viele andere Leute laufen herbei. „Lasst ihn los! Tell ist ein guter Bürger. Er hat nichts getan", sagt Walter Fürst. Der Wachmann entgegnet: „Wer den Hut nicht grüßt, wird bestraft!"

Da kommt Landvogt Gessler auf seinem Pferd herbeigeritten. Der Wachmann zeigt auf Tell und sagt: „Mein Herr, dieser Mann hat Euren Hut nicht gegrüßt, so wie Ihr befohlen habt."

Gessler spricht zu Tell: „Bist du nicht der Tell, von dem alle sagen, wie gut er schießen kann?

---

[1] **e Verbeugung, en** Verneigung
[2] **r Befehl, e** Vorschrift, Anweisung
[3] **gefangen nehmen** festnehmen, verhaften

Kapitel 3

Zeig es mir! Nimm deine Armbrust und schieße diesen Apfel vom Kopf deines Sohnes. Wenn du den Apfel triffst, dann lasse ich dich frei."

„Herr, so etwas Grausames könnt Ihr nicht von mir verlangen. Ich kann doch nicht mit der Armbrust auf meinen geliebten Sohn zielen", antwortet Tell verzweifelt.

„Wenn du meinen Befehl verweigerst[1], lasse ich dich und deinen Sohn töten!"

Tell hat keine andere Wahl[2], als es zu versuchen. Aber was ist, wenn er nicht den Apfel trifft, sondern den Kopf seines Sohnes? Darüber will Tell lieber nicht nachdenken.

„Macht Platz!", ruft Tell plötzlich dem Volk zu. „Papa, ich habe Angst! Schieß nicht!", ruft Walter verzweifelt. Inzwischen holt Tell zwei Pfeile aus seinem Köcher[3]. Den ersten legt er in seine Armbrust und spannt die Sehne…

Uli steht neben Gessler und versucht, ihn von seinem Vorhaben abzubringen. „Herr Landvogt, das war doch sicherlich nur eine Prüfung. Nun ist der Zweck erfüllt und wir können die Übung

---

[1] **verweigern** Nein sagen, nicht befolgen
[2] **keine andere Wahl haben** keine Alternative haben
[3] **r Köcher, -** Behälter für die Pfeile

Wilhelm Tell

beenden." Gessler wird wütend und befiehlt ihm zu schweigen. Berta steht neben Uli und bewundert seinen Mut.

Da fällt ein Schuss. Das Volk hält den Atem an. Der Pfeil fliegt durch die Luft und durchbohrt[1] den Apfel. Er hat es geschafft! Der Junge lebt! Walter läuft auf seinen Vater zu und umarmt ihn. Alle jubeln erleichtert.

Als Tell und Walter gehen wollen, sagt Gessler zu Tell: „Du hast den Apfel genau durchschossen. Alle Achtung! Aber wozu hast du den zweiten Pfeil aus dem Köcher genommen?" „Och, das ist so Brauch bei den Jägern", sagt Tell. „Das glaube ich dir nicht", sagt Gessler. „Für wen war der zweite Pfeil bestimmt? Sag es mir! Ich verspreche dir, dass ich dich nicht töten werde, wenn du es mir verrätst."

Tells Augen blitzen[2]. „Damit hätte ich Euch getötet, falls ich den Apfel nicht getroffen hätte. Euch hätte ich ganz sicher getroffen!"

Gessler kocht vor Wut. „Ich habe dir zwar versprochen, dass ich dich leben lasse, aber dafür sollst du im Gefängnis büßen! Ich werde dich mit

---

[1] **durchbohren** (hier) in den Apfel schießen
[2] **blitzen** funkeln

Kapitel 3

meinem Schiff außer Landes¹ bringen und dich in einen tiefen Kerker² werfen. Du wirst nie wieder die Sonne sehen!"

Stauffacher versucht Gessler zu besänftigen³. „Tell ist ein Meisterschütze. Hier ist ein Wunder geschehen! Er hat seine Freiheit verdient. Verschont ihn." Das Volk ist entsetzt. „Ihr dürft ihn nicht außer Landes bringen. Das ist gegen das Gesetz!"

„Warum hast du nicht den Mund gehalten⁴?", fragt Stauffacher Tell. „Er hat mir solchen Schmerz angetan. Fast hätte ich meinen eigenen Sohn getötet. Ich konnte nicht anders", erklärt Tell.

„Papa!", schreit Walter und klammert sich an Tell und weint. Tell umarmt seinen Sohn zum Abschied. Walters Opa, der Walter Fürst, nimmt seinen Enkel auf den Arm und tröstet ihn. Die Männer können nicht verhindern, dass Gesslers Leute Tell fesseln und wegbringen.

---

¹ **jmdn. außer Landes bringen** aus dem Land wegbringen
² **r Kerker, -** Gefängnis
³ **besänftigen** beschwichtigen, zur Ruhe bringen
⁴ **den Mund halten** nichts sagen

36

Lesen & Lernen

1 **Was ist richtig?**

1 A ☐ Hedwig möchte mit Tell und Walter mitkommen.
1 B ☐ Hedwig sagt, dass der Landvogt Gessler zu Besuch kommt.
1 C ☐ Hedwig möchte nicht, dass Tell und Walter gehen.

2 A ☐ Berta und Uli nehmen an einer Safari teil.
2 B ☐ Uli ist in Berta verliebt.
2 C ☐ Die beiden haben sich im Wald verlaufen.

3 A ☐ Tell hat mit seinem Pfeil den Hut getroffen.
3 B ☐ Walter isst den Apfel auf.
3 C ☐ Der Apfel wird von dem Pfeil durchbohrt.

Worte & Wörter

2 **Komposita. Welche Worthälften passen zusammen?**

1 Regen -   schütze
2 Land -   brust
3 Meister -   vogt
4 Arm -   saal
5 Markt -   bogen
6 Wappen -   see
7 Gebirgs -   platz

Worte & Wörter

3 Stell dir vor, du bist Walter. Du kommst nach Hause zu deiner Mutter und erzählst ihr, was dir und deinem Vater passiert ist.

1. Warum hat der Wachmann euch beide festgehalten?
2. Was hat der Landvogt Gessler deinem Vater befohlen?
3. Wie hast du dich gefühlt, als du mit dem Apfel auf dem Kopf auf den Schuss gewartet hast?
4. Wohin bringen sie deinen Vater?
5. Konnten die vielen Menschen deinem Vater helfen?

Fit in Deutsch 2 – Schreiben

4 Lies die Anzeige und schreibe eine Antwort.

> **Theaterprojekt „Wilhelm Tell" von Schiller**
> **Schauspieler gesucht!**
>
> Spielst du gerne Theater? Stehst du gerne auf der Bühne?
> Wir sind eine Theatergruppe und wollen „Wilhelm Tell" von Schiller aufführen.
>
> Dazu suchen wir noch Mitspieler.
> Wir proben immer mittwochs von 16-18 Uhr.
>
> Bist du dabei?
> Dann melde dich bei Julia:
> Jul.ia@gmx.de

Antworte Julia per E-Mail (mindestens 50 Wörter).
- Stell dich vor (Name, Alter, Schule, ...)
- Hast du schon einmal Theater gespielt?
- Welche Rolle würdest du bei „Wilhelm Tell" gerne spielen?
- Hast du mittwochs von 16-18 Uhr Zeit?
- Wo findet die Theaterprobe statt?

Kapitel 4

Flucht bei stürmischer See

▶5 In Fesseln[1] bringen Gesslers Leute Tell auf ein Schiff, das ihn nach Küssnacht auf die andere Seite des Sees bringen soll. Dort steht seine Burg mit einem tiefen Kerker. Der Landvogt will selber auf dem Schiff mitfahren, um Tell hinter Schloss und Riegel zu bringen[2]. Als sie an Bord gehen, ziehen schwarze Gewitterwolken am Himmel heran. Es blitzt und der See schlägt hohe Wellen.

Etwas entfernt stehen ein Fischer und sein Junge am See. Sie haben von dem schrecklichen Vorfall[3] gehört und sind verzweifelt darüber, dass Tell ins Gefängnis muss und niemand helfen kann. Der Sturm wird immer stärker. „Jetzt werden sie wohl nicht hinüberfahren können", meint der Fischer zu seinem Sohn. „Bei dem Unwetter ist die Überfahrt unmöglich."

„Vater, hörst du die Glocke?", fragt der Junge.

„Da ist wohl ein Schiff in Not geraten!" „Wer jetzt auf dem See ist, dem kann nur Gott helfen",

---

[1] **e Fessel, n** Seil
[2] **hinter Schloss und Riegel bringen** ins Gefängnis bringen
[3] **r Vorfall, "e** Ereignis

Wilhelm Tell

antwortet der Vater. Sie sehen, wie das Schiff von dem Sturm hin- und hergerissen wird.

„Da kommt einer, der hat so eine Armbrust wie der Tell", sagt der Junge. „Oh, er ist es!"

„Tell, wie kommst du hierher? Warst du nicht auf dem Schiff, das in Seenot[1] geraten ist?", fragt der Fischer.

Tell erzählt, was passiert ist. „Gessler hatte Angst, bei dem Sturm zu ertrinken. Deshalb hat er mich losbinden lassen, weil er wusste, dass ich ein Schiff bei Sturm lenken kann. Ich habe es zu dem flachen Felsen gesteuert, meine Armbrust geschnappt[2] und bin ans Ufer gesprungen. Mit dem Fuß habe ich das Schiff zurück in die Wellen gestoßen."

„Was hast du jetzt vor?", fragt der Fischer. „Wenn Gessler an Land kommt, wird er dich töten lassen." „Auf dem Schiff habe ich gehört, dass sie nach Küssnacht wollen. Wie komme ich dorthin?", fragt Tell. „Mein Sohn zeigt dir den Weg", antwortet der Fischer.

„Fischer, bitte reite zu meiner Frau nach Bürglen und sag ihr, dass Walter lebt und ich mich

---

[1] **e Seenot** (*nur Sg.*) auf dem Wasser in Not geraten
[2] **schnappen** ergreifen, nehmen

Kapitel 4

retten konnte", bittet ihn Tell. „Ich werde bald heimkommen. Aber vorher muss ich noch etwas erledigen."

Der alte Attinghausen liegt im Sterben[1]. Walter Fürst, Stauffacher, Melchthal und Baumgarten sind bei ihm, während er schläft. Sie wissen noch nicht, dass Tell sich retten konnte. Walter Fürst hat auch seinen Enkel Walter mitgenommen.

Da kommt Hedwig herein, die ihren Sohn sehen will. „Walter, mein Kind. Gott sei Dank, du lebst!" „Mama, Mama!" Walter läuft zu ihr und umarmt sie.

Sie ist wütend darüber, dass Tell mit dem Pfeil auf seinen eigenen Sohn gezielt hat. „Wie kann ein Vater so etwas tun? Liebt er sein Kind nicht?", fragt sie. Die Männer erklären Hedwig, dass Gessler ihn gezwungen[2] hat. „Tell hatte keine andere Wahl. Wenn er sich geweigert hätte, hätte Gessler ihn und Walter töten lassen!"

„Warum habt ihr ihm nicht geholfen?", fragt Hedwig die Männer. „Tell hat Baumgarten trotz heftigem Sturm über den See gefahren, als er verfolgt wurde. Das war sehr gefährlich."

[1] **im Sterben liegen** sterben
[2] **zwingen, zwang, gezwungen** nötigen, keine andere Wahl lassen

Kapitel 4

Da wacht Attinghausen auf und fragt nach Uli. „Er ist auf dem Weg."

Die Männer berichten vom Rütlischwur und ihren Plänen. Und davon, dass Uli sich bei Gessler mutig für Tell eingesetzt hat. „Uli hat sich geändert, er hilft jetzt seinem Volk."

„Das ist gut", sagt Attinghausen matt. „Haltet zusammen, gemeinsam werdet ihr es schaffen." Er stirbt.

Da kommt Uli herein, nur einen Moment zu spät. „Oh weh, jetzt kann ich mich nicht mehr bei meinem Onkel entschuldigen."

„Ich habe nun gesehen, wie grausam Gessler ist. Er hat nicht nur Tell, sondern auch meine geliebte Berta in seiner Gewalt! Ich will mit euch gegen die Vögte kämpfen", verkündet Uli.

„Als Nachfolger[1] des Freiherrn zu Attinghausen verspreche ich, mein Volk zu schützen. Gemeinsam werden wir das Land befreien", sagt Uli entschlossen.

Die Männer sind froh, dass Uli sie unterstützen will. „Sei unser Anführer[2]. Wir folgen dir."

[1] **r Nachfolger, -** Erbe, Nachkomme
[2] **r Anführer, -** Wortführer, Leiter

Wilhelm Tell

„Wir sollten nicht bis zum Weihnachtsfest warten. Wir müssen Tell und Berta schnell befreien. Alle Kantone bereiten sich auf den Kampf vor! Wir geben Rauchzeichen[1], wenn es losgeht", beschließt Uli.

Tell ist inzwischen bei Küssnacht angekommen, wo ein schmaler[2] Weg zwischen hohen Felsen hindurchführt. Es gibt keinen anderen Weg. Gessler muss durch diese Felsspalte kommen, wenn er zu seiner Burg will. Tell versteckt sich hinter einem Busch und wartet. „Wenn Gessler das Unwetter auf dem See überlebt, wird er – früher oder später – hier vorbeikommen", denkt er sich.

Gessler ging zu weit, als er von Tell verlangte, auf sein Kind zu zielen. Zu so etwas darf man einen Vater nicht zwingen! Nicht auszudenken[3], wenn der Pfeil den Jungen getroffen hätte.

Der zweite Pfeil war für Gessler bestimmt[4]. Das hat er sich in diesem Moment geschworen. „Jetzt werde ich mein Versprechen[5] auch halten", sagt Tell zu sich. „Ich werde mich an ihm rächen!"

[1] **s Rauchzeichen, -** Verständigung mit Rauch
[2] **schmal** eng
[3] **nicht auszudenken** nicht vorstellbar
[4] **bestimmt sein für** ausgewählt sein für
[5] **s Versprechen, -** Ehrenwort, Gelöbnis

45

Kapitel 4

Tell beobachtet von seinem Versteck aus, wie eine Bäuerin mit ihren Kindern an der Stelle zwischen den Felsen stehen bleibt und wartet. Da kommt ein Reiter und ruft: „Aus dem Weg! Der Landvogt kommt."

Die Bäuerin antwortet: „Das ist gut. Hier kann der Vogt mir nicht ausweichen[1]. Er muss mich anhören[2]. Wir sind in großer Not. Gessler hat meinen Mann ins Gefängnis stecken lassen, obwohl er nichts getan hat. Schon ein halbes Jahr ist er im Kerker. Ich gehe nicht eher weg, bis er ihn freilässt!"

Gessler kommt auf dem Pferd herbeigeritten. „Platz da, Frau, geh mir aus dem Weg!", ruft Gessler.

„Nein. Ich gehe nicht weg, bis Ihr meinen Mann freilasst." Sie setzt sich mit ihren Kindern mitten auf den Weg.

„Wenn du nicht sofort da weg gehst, reite ich dich mit meinem Pferd um!"

---

[1] **ausweichen, wich aus, ausgewichen** aus dem Weg gehen
[2] **anhören** zuhören

Wilhelm Tell

Als die Frau und ihre Kinder nicht aufstehen, treibt[1] er sein Pferd an. Da wird Gessler von einem Pfeil mitten in die Brust getroffen. Gerade noch rechtzeitig konnte Tell die Bäuerin und ihre Kinder retten. Sonst hätte Gessler sie mit dem Pferd einfach umgeritten.

Ein paar Leute laufen schnell nach Küssnacht und rufen „Gessler ist tot! Gessler ist tot! Es lebe die Freiheit!"

---

[1] **antreiben, trieb an, angetrieben** das Pferd in Bewegung bringen

Lesen & Lernen

1 Ordne die Sätze in der richtigen Reihenfolge

A ☐ Als das Schiff in Seenot gerät, lässt Gessler Tell losbinden, damit er das Schiff steuert.
B ☐ Zuerst bringen Gesslers Leute Tell in Fesseln auf das Schiff.
C ☐ Schließlich stößt er das Schiff mit dem Fuß wieder in die stürmische See zurück.
D ☐ Dann fahren sie los, obwohl sich ein Unwetter nähert.
E ☐ Daraufhin steuert Tell das Schiff auf einen Felsvorsprung zu und springt an Land.

Strukturen & Satzbau

2 Setze die Verben in der richtigen Form ein.

Gesslers Leute ……*haben*…… Tell ……*gefesselt*…… und auf ein Schiff gebracht. (fesseln)
1 Tell …… von dem Schiff ans Ufer …… . (springen)
2 Die Männer …… sich bei Attinghausen …… . (versammeln)
3 Gessler …… Ulis Freundin Berta …… . (entführen)
4 Tell …… sich hinter einem Busch …… . (verstecken)
5 Der Landvogt …… der Frau mit seinem Pferd nicht …… . (ausweichen)

Worte & Wörter

3 Was bedeutet das? Verbinde die Ausdrücke mit der richtigen Erklärung.

1 Nicht auszudenken!
2 Er muss mich anhören!
3 Tell schnappt sich seine Armbrust.
4 Jemanden hinter Schloss und Riegel bringen.
5 Halt den Mund!

a Sei still!
b Er nimmt seine Armbrust.
c Nicht vorstellbar!
d Er soll mir zuhören!
e Jemanden ins Gefängnis bringen.

Fit in Deutsch 2 – Lesen

4 **Lies die beiden Zeitungsartikel und kreuze an.**

Gewittersturm brachte Schiff in Seenot

Bei dem Orkan, der am Donnerstag über dem Vierwaldstätter See tobte, geriet ein Schiff in Seenot. Meteorologen berichteten von Böen mit Geschwindigkeiten bis zu 130 Stundenkilometern. Sintflutartige Regenfälle führten in der gesamten Region zu Überschwemmungen. Ein Passant beobachtete, wie ein Segelschiff auf die Felsen zusteuerte. Ein Mann konnte sich mit einem Sprung ans Ufer retten. Weniger Glück hatten die restlichen Besatzungsmitglieder. Sie trieben mit zerfetztem Segel wieder zurück ins tosende Wasser. Ob die Crew gerettet werden konnte, ist bis heute noch unklar. Die Wasserschutzbehörden warnen davor, bei herannahendem Unwetter auf den See zu fahren.

		R	F
1	Ein Passant beobachtete einen Regenbogen.	☐	☐
2	Am Donnerstag schien die Sonne über dem Vierwaldstätter See.	☐	☐
3	Unklar ist, ob die Crew gerettet werden konnte.	☐	☐

Armbrustschießen als Wettkampf

Beim Armbrustschießen wird auf einer Entfernung von 10 oder 30 Metern mit einer Armbrust auf Scheiben geschossen. Die Armbrust ist eine Waffe, mit der über große Entfernungen hinweg geschossen werden kann. Sie besitzt eine bogenähnliche Form, geschossen wird mit Pfeilen. Das Armbrustschießen zählt heute zu den Sportarten und wird nur noch im sportlichen Bereich auf Wettkämpfen und sehr selten zur Jagd eingesetzt.

1 Eine Armbrust ist:
A ☐ ein Körperteil
B ☐ eine Waffe
C ☐ ein Musikinstrument

2 Man schießt mit
A ☐ Tomaten
B ☐ Kugeln
C ☐ Pfeilen

49

Kapitel 5

Kampf für die Freiheit

▶ 6   In der Dämmerung[1] steigt Rauch von den Bergen auf. Die Feuer sind das Zeichen für den Angriff[2]. Die Leute rufen: „Seht nur, die Feuer!" „Das bedeutet, dass die anderen Burgen schon zerstört sind!"

Ein anderer sagt: „Worauf warten wir dann noch? Jetzt zerstören wir Gesslers Burg!" Walter Fürst ist noch vorsichtig: „Wir warten besser noch ab, was in den Kantonen Schwyz und Unterwalden passiert."

Aber die Männer wollen nicht länger warten. Sie wollen jetzt endlich auch die Zwing Uri zerstören. Der Bau von diesem Tyrannenschloss[3] hat den Menschen viel Leid gebracht.

Sie blasen in ihre Hörner[4] zum Angriff. Das Echo aus den Bergen schallt bis in alle Täler. „Stürzt alle Baugerüste[5] um! Reißt die Mauern ein! Kein Stein soll mehr auf dem anderen bleiben!" Die Männer stürmen auf den Bau.

[1] **e Dämmerung, en** am Abend, wenn es dunkel wird
[2] **r Angriff, e** einen Kampf anfangen
[3] **s Tyrannenschloss, ¨er** das Schloss von einem bösen Herrscher
[4] **s Horn, ¨er** ein Musikinstrument
[5] **s Baugerüst, e** Gerüst auf einer Baustelle

Wilhelm Tell

Melchthal und Baumgarten kommen dazu. Sie berichten Walter Fürst, wie sie mit den Landsleuten[1] die anderen beiden Burgen zerstört haben und was ihnen dabei passiert ist: „Als die Burg in Flammen stand, sagte Gesslers Sohn, dass Berta in der Burg eingesperrt ist. Gessler hat sie dort gefangen gehalten. Uli war außer sich, als er das hörte. Seine Berta! Mutig stürzte er sich in die brennende Burg und suchte nach ihr.

Ein Balken[2] fiel knapp hinter Uli krachend herab. Im letzten Augenblick[3] trat er die Tür zu ihrem Zimmer ein und befreite sie. Kaum waren sie aus der Burg entkommen, stürzte das brennende Dach ein und begrub alles unter sich."

Ein Mädchen geht vorbei und trägt auf einer Stange Gesslers Hut. Der Hut, vor dem sich alle verbeugen mussten. Baumgarten fragt: „Was machen wir denn jetzt mit dem ollen[4] Hut?" Die Leute rufen: „Ins Feuer damit!" Walter Fürst antwortet: „Unter diesem Hut stand mein Enkel. Nein, wir sollten ihn aufbewahren als Zeichen[5] für die Freiheit!"

[1] e Landsleute (Pl.) Volk
[2] r Balken, - Holzstamm
[3] e Augenblick, e Moment
[4] oll alt (umgangssprachlich)
[5] s Zeichen, - Erkennungszeichen, Signal

51

Kapitel 5

„Wir haben alles geschafft, was wir uns am Rütli geschworen haben! Los, jetzt wird gefeiert!", schlägt Melchthal vor. „Wenn der Kaiser hört, was wir getan haben, schickt er sein Heer[1] und bestraft uns!", entgegnet Baumgarten.

Ein Mann läuft herbei und ruft: „Habt ihr schon gehört? Der Kaiser ist tot! Er wurde ermordet[2]!" „Was? Der Kaiser! Das kann doch nicht wahr sein!", ruft das Volk durcheinander. „Wie konnte das geschehen[3]? Wer tut so etwas?"

„Sein eigener Neffe war's", berichtet der Mann „Der Kaiser wollte ihm sein Erbe nicht geben. Da wurde er so wütend, dass er seinen Onkel getötet hat. Mit zwei Kumpeln[4] hat er ihm aufgelauert und ihm einen Dolch[5] in die Brust gestoßen. Der andere Kumpel durchbohrte ihn mit einem Speer und der dritte schnitt ihm die Kehle durch."

„Pfui! Das ist ja ungeheuerlich[6]! Aus Geldgier[7] einen Menschen zu töten! Das ist Unrecht[8]!

---

[1] s Heer, e Militär, Armee
[2] ermorden töten
[3] geschehen passieren
[4] r Kumpel, - Freund
[5] r Dolch, e Messer
[6] ungeheuerlich unglaublich, schrecklich
[7] e Geldgier (nur Sg.) wenn man immer mehr Geld haben will
[8] s Unrecht (nur Sg.) Schuld

Wilhelm Tell

Gessler wurde aus Notwehr getötet", sagt Melchthal entrüstet.

„Wohin sind die Mörder geflohen?", fragt Walter Fürst. „Jeder in eine andere Richtung", antwortet der Mann. „Das ganze Land ist in Aufruhr[1]."

„Was wird denn nun passieren?", fragt Baumgarten. „Ein neuer Kaiser wird kommen. Und wir wissen noch nicht, ob er uns in Freiheit leben lässt", vermutet Walter Fürst.

„Wo ist eigentlich Tell?", fragt Stauffacher. „Er ist unser Befreier! Wir sollten ihm danken und ihn feiern! Kommt alle mit, wir gehen zu seinem Haus."

In Tells Haus sind Hedwig und die Kinder. „Heute kommt euer Vater nach Hause!", sagt die Mutter. „Er lebt und ist frei. Wir sind alle frei! Euer Vater hat das Land gerettet! Er ist ein Held!" „Mama, ich war auch dabei. Ich habe nicht gezittert, als Papa mit dem Pfeil auf den Apfel auf meinem Kopf gezielt hat. Dabei hatte ich solche Angst. Fast wäre ich gestorben." Die Mutter umarmt Walter. „Welch ein Glück, dass du lebst, mein Kind!"

[1] r **Aufruhr** (*nur Sg.*) Aufstand, Aufregung

Kapitel 5

"Schau mal, da kommt ein Mönch[1] zu unserem Haus", sagt Walter. "Er hat bestimmt Hunger und Durst", antwortet die Mutter. "Lasst ihn herein, Kinder. Er soll sich hier erst mal stärken[2]."

Der Mönch schaut mit irrem Blick umher. "Wo bin ich hier? Ist Ihr Mann zu Hause?" Irgendwie ist ihr der Typ[3] unheimlich. Hedwig bekommt richtig Angst vor ihm. "Sie sind gar kein richtiger Mönch. Was wollen Sie hier von uns? Lassen Sie uns in Ruhe!"

Da ruft Walter "Mama, da kommt der Papa! Ich laufe ihm schon entgegen!" Hedwig atmet erleichtert auf. Sie geht nach draußen, um ihren Mann zu begrüßen.

"Papa, toll, dass du wieder da bist! Wo ist denn deine Armbrust?", fragt Walter. "Die habe ich begraben. Damit will ich nie wieder schießen".

Hedwig umarmt ihren Mann. "Du lebst! Welch ein Glück! Endlich bist du wieder bei uns. Du hast uns alle gerettet."

"Liebe Hedwig, warum schaust du so erschrocken[4]? Ist etwas passiert?", fragt Tell. "Da

[1] r Mönch, e Klosterbruder
[2] sich stärken erfrischen
[3] r Typ, en Charakter, Mann
[4] erschrecken, erschrak, erschrocken Angst bekommen

Wilhelm Tell

drinnen ist ein Mönch", antwortet Hedwig. „Ich glaube, der ist gar kein richtiger Mönch. Er ist mir nicht geheuer[1]. Bitte schau mal nach."

„Wer sind Sie?", fragt ihn Tell.

„Sie haben den Landvogt erschossen, weil er schlimme Sachen von Ihnen verlangt hat. Auch ich habe jemanden getötet, der mich ungerecht[2] behandelt hat", erklärt der Mönch.

Tell bittet Hedwig, mit den Kindern ins Haus zu gehen. Sie sollen nicht hören, was der Mann sagt. „Dann sind Sie der Herzog von Österreich[3] und haben Ihren Onkel, den Kaiser, getötet!", vermutet Tell.

„Er wollte mir mein Erbe nicht geben", entgegnet der falsche Mönch. „Sie haben aus Habgier[4] den Kaiser getötet! Das ist unfassbar!" Tell ist entsetzt. „Ich habe als Vater aus Notwehr gehandelt. Wie können Sie so etwas vergleichen. Das ist etwas ganz anderes. Verschwinden Sie! Mit einem Mörder[5] will ich nichts zu tun haben!"

„Bitte helfen Sie mir! Gewähren Sie mir Unterschlupf, damit mich niemand findet", fleht der Mann.

[1] **nicht geheuer sein** unheimlich sein
[2] **ungerecht** nicht gerecht
[3] **r Herzog von Österreich** Adelstitel, Heerführer
[4] **e Habgier** (*nur Sg.*) wie Geldgier, wenn man immer mehr haben will
[5] **r Mörder, -** Killer

55

Kapitel 5

„Ich rate Ihnen, gehen Sie über die Berge bis nach Rom in den Vatikan. Bitten Sie den Papst um Hilfe. Beichten[1] sie ihm Ihre Schuld. Dann tun Sie, was er Ihnen sagt." Tell bittet Hedwig, ihm etwas Reiseproviant einzupacken. Dann schickt er den Mann weg.

Von weitem hören sie Musik und fröhliche Stimmen[2] näher kommen. Eine große Gruppe von Menschen kommt den Berg herauf zu Tells Haus. Sie rufen laut: „Es lebe Tell! Unser Beschützer[3] und Retter[4]!"

Unter ihnen sind auch Berta und Uli. Berta sagt zu den Leuten: „Ich will keine Adelige mehr sein. Nehmt mich auf als Bürgerin. Ich bin eine von euch." Und Uli ruft seinen Knechten zu: „Ihr seid jetzt freie Leute. Ich bin nicht mehr euer Herr." Uli und Berta umarmen sich. „Wir wollen heiraten und als Schweizer Bürger[5] unter euch leben."

Alle jubeln und tanzen und feiern noch lange fröhlich weiter.

---

[1] **beichten** Schuld bekennen, zugeben
[2] **Stimmen** (hier) Menschen, die fröhlich reden
[3] **r Beschützer, -** jmd., der auf andere aufpasst
[4] **r Retter, -** jmd., der anderen hilft, Befreier
[5] **r Bürger, e** jmd. aus dem Volk

Lesen & Lernen

1 Wer sagt was? Ordne den Aussagen die richtigen Personen zu.

> das Volk   Walter   Baumgarten
> ein Mann   Gesslers Sohn

1 Berta ist noch in der Burg eingesperrt!
   ....
2 Was machen wir denn jetzt mit dem ollen Hut?
   ....
3 Habt ihr schon gehört? Der Kaiser ist tot!
   ....
4 Dabei hatte ich solche Angst.
   ....
5 Es lebe Tell! Unser Beschützer und Retter!
   ....

Strukturen & Satzbau

2 Deshalb. Verbinde Satzteil 1 mit dem passenden Satzteil 2 und schreibe den vollständigen Satz auf. Achte auf die Inversion.

Beispiel: Auf dem Berg brennt ein Feuer, *deshalb* steigt Rauch auf.

1 ☐ Gessler hat die Menschen sehr schlecht behandelt.
2 ☐ Berta ist noch in der Burg.
3 ☐ Tell grüßt den Hut nicht.
4 ☐ Tell hat die Menschen gerettet.

a Uli läuft in die Flammen.
b Er soll einen Apfel vom Kopf seines Sohnes schießen.
c Sie kommen zu seinem Haus und feiern ihn.
d Sie wollen die Burg anzünden.

3 Gib Befehle!

Sie sollen Gesslers Burg zerstören.
Die Leute rufen: „Zerstört Gesslers Burg!"

1 Er soll Berta retten.
....

2 Walter soll Tell entgegen laufen.
....

3 Sie sollen ins Haus gehen.
....

4 Der Mönch soll verschwinden.
....

Worte & Wörter

4 Buchstabensalat. Diese Wörter aus dem letzten Kapitel haben damit zu tun, was sich die Männer am Rütli geschworen haben. Erkennst du sie?

1 RUGB ....
2 UEFRE ....
3 RITEFHEI ....
4 TSGRÖZEURN ....
5 HCZNEIE ....

Fit in Deutsch 2 – Sprechen

5 Gemeinsam eine Aufgabe lösen.

Berichte deinem Lernpartner von eurer Klassenfahrt.
- Wohin seid ihr gefahren?
- Was habt ihr gesehen?
- Was hat dir am besten gefallen?
- Was fandest du nicht so gut?

Stelle nun deinem Lernpartner Fragen zu seiner Klassenfahrt.

Auf der Bühne

▶ 7 **Personen:**
Wilhelm Tell   Landvogt Gessler
Walter Tell   Wachmann
Hedwig Tell   Steuermann
Uli   Reiter
Berta   Gesslers Leute
Landsleute
Fischer und sein Sohn
Bäuerin mit ihren Kindern

Szene 1: *Marktplatz in Altdorf. In der Mitte des Platzes ist eine Stange aufgestellt, auf der Gesslers Hut hängt. Wilhelm Tell und sein Sohn Walter gehen daran vorbei.*

Walter: Papa, schau mal! Da hängt ein Hut auf der Stange.

Tell: Das ist Gesslers Hut. Er will, dass jeder, der daran vorbeigeht, sich vor dem Hut verbeugt. So etwas Dummes! Komm Walter, wir gehen einfach weiter.

Ein Wachmann sieht das.

Wachmann: He ihr! Ihr habt den Hut nicht gegrüßt. Was fällt euch ein, den Befehl von Landvogt Gessler nicht zu befolgen[1]? Ihr seid verhaftet!

[1] **befolgen** beachten, gehorchen

Wilhelm Tell

Ein paar Leute aus Altdorf kommen, um zu sehen, was los ist.

    Mann: (*zu der Frau*) Was ist denn da passiert?

    Frau: Er hat den Hut nicht gegrüßt.

Gessler kommt auf seinem Pferd herbeigeritten.

    Gessler: Was ist hier los?

    Wachmann: Herr Landvogt, dieser Mann hat Euren Befehl nicht befolgt. Ich nehme ihn gefangen.

    Gessler: Bist du nicht Tell? Der so gut schießen kann? Das will ich sehen!

    Zu Walter: Siehst du den Baum dort hinten? Nimm diesen Apfel und gehe zu dem Baum. Dann lege den Apfel auf deinen Kopf und bewege dich nicht von der Stelle.

Walter geht nichts ahnend[1] mit dem Apfel zum Baum.

    Gessler: So, Tell. Nun zeig mal, was du kannst. Wenn du mit dem Pfeil den Apfel triffst, lasse ich euch beide frei.

Tell schaut ihn entsetzt an.

    Walter (*schreit*): Papa! Nein!!!

    Tell: Herr Landvogt, Ihr könnt doch nicht verlangen, dass ich auf meinen eigenen

---

[1] **nichts ahnend** ahnungslos, in gutem Glauben

Auf der Bühne

Sohn schieße! Habt ihr denn gar kein Herz?

Gessler: Wenn du dich weigerst, lasse ich dich und deinen Sohn töten.

Uli versucht Gessler von seinem schrecklichen Vorhaben abzubringen.

Uli: Herr Landvogt, das war doch sicherlich nur eine Prüfung. Ihr wolltet nur seine Reaktion testen. Jetzt können wir die Übung beenden.

Berta steht neben ihm und schaut Uli bewundernd[1] an. Sie ist stolz auf ihn, dass er so mutig ist und mit dem Landvogt spricht. Währenddessen[2] nimmt Tell zwei Pfeile aus seinem Köcher und spannt den ersten in seine Armbrust.

Gessler: Ich scherze[3] nicht. Los, Tell, schieß endlich!

Walter steht mit dem Apfel auf dem Kopf am Baum. Er hat große Angst. Jetzt bloß nicht zittern! Er kneift die Augen zusammen[4]. Besser nicht hinschauen. Da fällt ein Schuss. Ein Pfeil fliegt durch die Luft und trifft den Apfel. Alle atmen erleichtert auf. Puh! Das ist ja nochmal gut gegangen! Die Leute jubeln.

Die Leute: Bravo Tell! Du bist ein Meisterschütze[5]!

---

[1] **bewundern** anhimmeln, verehren
[2] **währenddessen** inzwischen
[3] **scherzen** Spaß machen
[4] **die Augen zusammenkneifen** die Augen zumachen
[5] **r Meisterschütze, n** ein Meister im Schießen

Auf der Bühne

Gessler: Zugegeben[1], Tell, das war nicht schlecht. Aber wofür war der zweite Pfeil?

Tell: Och, das ist so Brauch unter den Jägern.

Gessler: Das glaube ich dir nicht! Sag die Wahrheit, worauf wolltest du mit dem zweiten Pfeil schießen?

Tell: Wenn ich nicht den Apfel, sondern meinen Sohn getroffen hätte, dann hätte ich mit dem zweiten Pfeil auf Euch geschossen. Und euch hätte ich ganz bestimmt getroffen!

Gessler: (*kocht vor Wut*) Ich habe dir zwar versprochen, dass ich dich leben lasse. Aber dafür wirst du im Gefängnis büßen! Du wirst nie wieder die Sonne sehen!

Gesslers Leute fesseln Tell und führen ihn ab.

Walter: (*weint*) Papa! Papa!

Szene 2: Am Ufer des Vierwaldstätter Sees. Gesslers Leute bringen den gefesselten Tell auf das Schiff. Ein Sturm kommt auf. Die Wellen sind sehr hoch. Gessler steigt ebenfalls auf das Schiff.

Gessler: Los, ablegen[2]!

---

[1] **zugeben** anerkennen
[2] **ablegen** das Schiff losmachen und abfahren

Wilhelm Tell

Das Schiff fährt los. Bald darauf gerät es bei dem Unwetter in Seenot.

Steuermann: Herr Landvogt, der Sturm ist so stark, dass sich das Schiff nicht mehr lenken lässt. Wir werden untergehen. Nur einer kann ein Schiff bei solchem Wellengang[1] noch steuern. Und das ist Tell.

Gessler ist schon ganz grün um die Nase[2].

Gessler: Nun gut. Bindet ihn los. Er soll das Schiff steuern.

Tell nimmt das Steuer. Aus dem Augenwinkel[3] schaut er, wo seine Armbrust ist. Als er am Ufer einen Felsvorsprung sieht, steuert er darauf zu. Plötzlich greift er mit der Hand nach seiner Armbrust und springt aus dem Schiff auf den Felsen. Mit dem Fuß stößt er das Schiff zurück in die Wellen.

Gessler: *(zu seinen Leuten)* Zurück ans Ufer! Fasst ihn! Er darf uns nicht entkommen!

Aber das Unwetter ist zu stark. Sie können das Schiff nicht zurück zu den Felsen lenken.
Tell streckt die Arme zum Himmel. Hurra!

---

[1] **r Wellengang** (*nur Sg.*) sehr hohe Wellen
[2] **grün um die Nase** wenn einem schlecht wird, ist man grün um die Nase
[3] **aus dem Augenwinkel** von der Seite aus schauen

Auf der Bühne

Szene 3: Ein Fischer steht mit seinem Jungen am Ufer. Sie sehen, wie das Schiff bei dem Unwetter von den Wellen immer hin- und hergerissen[1] wird.

Fischer: Mit diesem Schiff bringen sie Tell zum Gefängnis nach Küssnacht.

Junge: Schau mal, da kommt ein Mann. Der hat so eine Armbrust wie der Tell.

Fischer: Das ist Tell!

Sie laufen ihm entgegen.

Fischer: Was ist passiert? Wie konntest du entkommen?

Tell: Weil der Sturm so stark war, haben sie meine Fesseln losgebunden[2], damit ich das Schiff steuere. Ich konnte zu dem Felsen dort unten fahren und an Land springen. Dann habe ich das Schiff wieder zurück ins Wasser gestoßen.

Fischer: Bravo! Das hast du wirklich gut gemacht. Was hast du jetzt vor? Sie werden nach dir suchen.

Tell: Wenn sie es schaffen, ans andere Ufer zu kommen, will ich vor ihnen da sein. Welcher ist der schnellste Weg nach Küssnacht?

[1] **hin- und hergerissen** das Schiff schwankt von einer Seite zur anderen
[2] **losbinden** die Fesseln lösen

Auf der Bühne

Fischer: Mein Junge kommt mit dir und zeigt dir eine Abkürzung.

Tell: Bitte reite zu meiner Frau nach Bürglen und sage ihr, dass ich mich retten konnte und bald zu ihr komme. Vorher muss ich noch etwas erledigen[1].

Tell geht mit dem Jungen den Weg nach Küssnacht. Es gibt hohe Felsen, durch die ein sehr schmaler[2] Weg hindurchführt. Es gibt keinen anderen Weg zu dem Ort. Gessler und seine Leute müssen hier entlang kommen.

Tell: Ich werde mich hier oben im Gebüsch verstecken. Von hier aus kann ich den Weg gut sehen. Aber keiner kann mich sehen.

Eine Bäuerin mit ihren Kindern geht den Weg entlang und setzt sich genau an der engen Stelle auf den Boden. Ein Reiter von Gessler reitet voraus.

Reiter: Frau, geh weg da! Der Landvogt kommt mit seinem Pferd.

Bäuerin: Ich gehe hier nicht weg. Ich bin in großer Not. Gessler hat meinen Mann ins Gefängnis gesteckt. Er hat nichts Schlimmes getan. Wer versorgt[3] denn jetzt die Familie? Die Kinder haben Hunger und wollen zu ihrem Vater.

Da kommt Gessler im Galopp[4] den Weg entlang.

[1] **erledigen** machen
[2] **schmal** nicht breit, eng
[3] **versorgen** sich kümmern um
[4] **r Galopp** (*nur Sg.*) mit dem Pferd schnell reiten

Wilhelm Tell

Gessler: Platz da, Frau! Mach, dass du weg kommst!
Bäuerin: Bitte, Herr Landvogt, hört mir zu.

Aber der Gessler hört der Frau gar nicht zu, sondern treibt[1] sein Pferd an. Er will im Galopp einfach über die Bäuerin und ihre kleinen Kinder reiten. Da kommt plötzlich ein Pfeil geflogen und trifft Gessler! Mitten ins Herz. Einige Leute, die in der Nähe waren, laufen in das Dorf und verkünden[2] die Nachricht.

Mann: Stellt euch vor, was passiert ist! Gessler ist tot! Er wurde von einem Pfeil getroffen.
Ein anderer Mann: Das kann nur Tell gewesen sein. Es lebe Tell! Er hat uns von diesem Tyrannen[3] befreit.

Die Leute jubeln und tanzen.

Szene 4: *In Tells Haus sind Hedwig und die Kinder.*

Walter: Mama, schau nur, da kommt der Papa!

Walter läuft ihm entgegen und umarmt ihn.

Walter: Papa, wo ist denn deine Armbrust?
Tell: Damit werde ich nie wieder schießen!

Sie hören fröhliche Stimmen. Viele Menschen kommen den Weg zu Tells Haus. Sie jubeln und rufen:

Hoch lebe Wilhelm Tell! Unser Befreier[4]!

ENDE

[1] **antreiben** dem Pferd die Sporen geben, damit es schnell läuft
[2] **verkünden** bekannt machen, weitererzählen
[3] **r Tyrann, en** Diktator, Gewaltherrscher
[4] **r Befreier, -** Retter

Lesen & Lernen

1 Formuliere die passenden Fragen.

    Gessler: **Bist** *du nicht der Tell?* ....
    Tell: Ja, ich bin der Tell.

1 Gessler: **Wo** ....
    Tell: Der Hut hängt auf der Stange.

2 Gessler: **Hast** ....
    Tell: Nein, ich habe den Hut nicht gegrüßt.

3 Gessler: **Wie** ....
    Tell: Ich kann gut mit der Armbrust schießen.

4 Gessler: **Was** ....
    Tell: Ich habe den Apfel getroffen.

5 Fischer: **Warum** ....
    Tell: Das Schiff ist wegen dem Sturm in Not geraten.

6 Fischer: **Wie** ....
    Tell: Mit einem Sprung ans Ufer konnte ich entkommen.

7 Fischer: **Wohin** ....
    Tell: Ich will nach Küssnacht gehen.

8 Tell: **Wer** ....
    Fischer: Mein Sohn zeigt dir den Weg.

Strukturen & Satzbau

2 Bilde Sätze.

auf dem Kopf / einen Apfel / haben / Walter
Walter hat einen Apfel auf dem Kopf.

1 durch die Luft / Der Pfeil / fliegen
....

2 bei dem Sturm / Das Schiff / in Seenot / geraten
....

3 mit dem Fuß / Tell / stoßen / in den See / das Schiff / zurück
....

4 sein Sohn/ Der Fischer / am Ufer / und / stehen
....

Worte & Wörter

3 Finde zu jedem Adjektiv das Gegenteil und verbinde sie miteinander.

	klein	leise
1	gut	langsam
2	laut	trocken
3	traurig	groß
4	dunkel	schlecht
5	schnell	mutig
6	nass	hell
7	hoch	fröhlich
8	ängstlich	tief

Fit in Deutsch – Lesen

4 Lies den Artikel und beantworte die Fragen.

Das klassische Drama *Wilhelm Tell* aus der Feder des deutschen Dichters *Friedrich von Schiller*, 1804 am Hoftheater in Weimar uraufgeführt, ist zweifellos die berühmteste literarische Bearbeitung des Stoffes. Heute noch finden jährlich in Interlaken die *Tellspiele* statt. Sie wurden 1912 gegründet. Mittlerweile sind es schon über 1250 Aufführungen des Stückes. Mit etwa 200 Laiendarstellern, vom Kind bis zum rüstigen Rentner in stilechter historischer Kleidung, findet heute das Freilichtspiel Tell statt. Die faszinierend wirklichkeitsnahe Kulisse mit Ziegen, Kühen und Pferden ist ein besonderes Erlebnis.

In diesem Theater sind die prachtvoll inszenierten Szenen Rütlischwur und Apfelschuss zu einem spannenden historischen Krimi verdichtet. Ausserdem kann man auch neugierig hinter die Kulissen blicken, ein Privileg, das der normale Zuschauer nicht hat.

Über zwei Millionen Besucher haben die Inszenierungen über die Jahre besucht.

	R	F
1 Das Drama *Wilhelm Tell* wurde 1804 in Interlaken uraufgeführt.	☐	☐
2 Es treten echte Ziegen, Kühe und Elefanten auf.	☐	☐
3 Die Tellspiele finden jedes Jahr in Interlaken statt.	☐	☐
4 Auch Kinder spielen mit.	☐	☐
5 Der Zuschauer kann hinter die Kulissen blicken.	☐	☐

Sprechen & Sprache

5 **Gemeinsam eine Aufgabe lösen.**

Auch die Werbung hat Tell entdeckt. Wähle gemeinsam mit einem Partner/einer Partnerin selber ein Produkt aus, für das Tell Werbung machen könnte. Verfasst dazu einen originellen Werbespruch.

Produkt: _____
_____

Vorteile des Produktes: _____
_____

Wofür verwendet es Tell: _____
_____

Werbespruch: _____
_____

Malt dazu ein Plakat.

6 **Im Theater. Ergänze mit deinen Ideen und Assoziationen.**

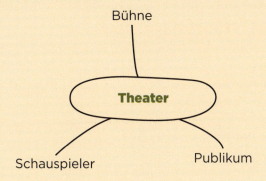

Zum Weiterlesen

Wer war eigentlich Schiller?

Zum Leben von Friedrich Schiller

Friedrich Schiller wird am 10. November 1759 in Marbach geboren. Die Familie zieht oft um. Seine Eltern schicken ihn auf eine Militärschule nach Stuttgart. Dort studiert er Jura, später Medizin. Weil an dieser Schule die Beschäftigung mit Literatur verboten ist, liest er heimlich die berühmten Werke der antiken Schriftsteller. Schiller wird Regimentsarzt. Nebenbei schreibt er Gedichte und Theaterstücke. Seine Werke muss er anonym herausgeben. Schiller ist häufig krank. Sein Freiraum wird durch Vorschriften und Verbote sehr stark eingeschränkt. Schließlich flieht er nach Thüringen und gibt seinen Beruf als Arzt auf. Es folgen Aufenthalte in Mannheim, Leipzig, Gohlis und schließlich in Weimar. Er findet zwar Verlage für seine Werke, trotzdem reicht das Geld kaum zum Leben. Am 22. Februar 1790 heiratet er Charlotte von Lengefeld. Friedrich und Charlotte haben vier Kinder. Eine Lungenentzündung führt schließlich am 9. Mai 1805 zu seinem frühen Tod – ein Jahr nachdem er den Wilhelm Tell vollendet hatte.

Schillers Wohnhaus in Weimar

In das Wohnhaus in Weimar ist Friedrich Schiller mit seiner Familie am 29. April 1802 eingezogen. Vorher hatten sie zur Miete in Jena gewohnt, aber in der kleinen Wohnung hatte Schiller keine Ruhe zum Arbeiten. Das neue Haus ließ er vor dem Einzug umbauen: Die Zimmer von Charlotte und den Kindern kamen in die erste und seine Arbeitsräume in die zweite Etage, damit er ungestört schreiben konnte. In diesem Haus ist Schiller drei Jahre später gestorben.

Tell in der Oper

Der berühmte Komponist Gioacchino Rossini hat die Geschichte von Wilhelm Tell zu einer Oper verarbeitet: Guillaume Tell (Guillaume ist die französische Übersetzung von Wilhelm; im Italienischen sagt man Guglielmo). Es war die letzte Oper, die Rossini schrieb. Sie wurde am 3. August 1829 in Paris uraufgeführt. Bekannt ist vor allem die Ouvertüre. Hier könnt ihr sie anhören. Kennt sie jemand von euch?

Zum Weiterlesen

Wilhelm Tell heute

Hat es Tell wirklich gegeben?

Historisch kann nicht nachgewiesen werden, ob Tell tatsächlich gelebt hat. Es gibt viele fantasievolle Varianten der Sage. Vermutlich gab es ein besonderes Ereignis, das mündlich von Dorf zu Dorf und von Generation zu Generation erzählt wurde. Jeder hat die Geschichte etwas anders erzählt, ausgeschmückt und weitere dramatische Zwischenfälle eingebaut. So entstand mit der Zeit die berühmte Legende um den Schweizer Nationalhelden.

Der Mythos Tell

Ob Tell nun wirklich gelebt hat, ist im Grunde genommen nebensächlich. Der Nationalheld ist zum Mythos geworden und verkörpert Identität, Einigkeit, Freiheit und das Recht auf Selbstbestimmung. Immer mehr wird Tell als Ikone auch in der Werbung für eine Vielzahl von Produkten und Dienstleistungen eingesetzt. Die Armbrust steht beispielsweise für Schweizer Qualität und Präzision. Eine bekannte Jeansfirma hat auf Plakaten die Statue von Tell und seinem Sohn gezeigt, wo die beiden Jeans dieser Marke trugen. Es gibt unzählig viele Filme unterschiedlichster Gattungen zur Geschichte von Wilhelm Tell.

Ein Museum zum Schweizer Freiheitshelden

Im Tell-Museum in Bürglen im Kanton Uri werden Dokumente und Gegenstände über den Freiheitshelden Wilhelm Tell gezeigt. Das Dorf Bürglen ist sehr alt. In einer Urkunde wird es bereits im Jahre 857 erwähnt. Bürglen gilt seit jeher als die Heimat Wilhelm Tells.

www.tellmuseum.ch

Der Vierwaldstätter See

Der Vierwaldstätter See ist ein See in der Zentralschweiz. Sein Ufer ist von Bergen umgeben. Er heißt so, weil vier Waldstätten an ihn grenzen: die Kantone Uri, Unterwalden, Schwyz und Luzern. Er besteht aus mehreren Armen und Buchten. Durch den Föhn aus den Bergen kommt es häufig zu Sturm und Unwettern.

Teste dich selbst!

1 Richtig oder Falsch?

		R	F
1	Altdorf liegt am Meer.	☐	☐
2	Die Vögte sorgen gut für die Menschen.	☐	☐
3	Auf dem Vierwaldstätter See gibt es häufig Unwetter.	☐	☐
4	Tell ist ein geschickter Steuermann.	☐	☐
5	Uli ist ein Fischer.	☐	☐
6	Berta ist eine Adelige und lebt am Hof.	☐	☐
7	Beim Treffen auf dem Rütli wird Musik gemacht und getanzt.	☐	☐
8	Rütli ist ein Berg.	☐	☐
9	Die Schweizer Eidgenossen möchten in Freiheit in den Bergen leben.	☐	☐
10	Hedwig findet den Mönch nett.	☐	☐
11	Tell schwimmt an Land.	☐	☐
12	Der einzige Weg nach Küssnacht führt durch eine Felsspalte.	☐	☐

2 Wer ist wer?

1 Wer hat den Vogt mit der Axt erschlagen? ....

2 Wer hat ein schönes Haus, auf das der Vogt neidisch ist? ....

3 Wer trinkt mit den Knechten aus einem Becher? ....

4 Wer muss mit einem Apfel auf dem Kopf am Baum stehen? ....

5 Wer möchte nicht, dass Tell und Walter nach Altdorf gehen? ....

Syllabus

Themen
Geschichte der Schweiz
Landschaft
Leben in den Bergen
Freiheitskampf
Feudalherrschaft
Gerechtigkeit
Theater

Sprachhandlungen
mündlicher und schriftlicher Ausdruck
Wortgruppen zuordnen
Textverständnis
Assoziationen
Geschehnisse erzählen
Fragen formulieren
Umgebung beschreiben
Vermutungen und Vorstellungen formulieren
Werbeslogan texten

Grammatik
- Adjektive
- Präpositionen
- Perfekt
- Komposita
- Konnektor *deshalb*

Junge ELI Lektüren

Niveau 1
Maureen Simpson, *Tim und Claudia suchen ihren Freund*

Niveau 2
B. Brunetti, *So nah, so fern*
Till Eulenspiegel
Mary Flagan, *Das altägyptische Souvenir*
Mary Flagan, *Hannas Tagebuch*
Friedrich Schiller, *Wilhelm Tell*

Niveau 3
Maureen Simpson, *Ziel: Karminia*